차마 다 건넬 수 없는

김진엽 시집

문학의전당 시인선
356

차마 다 건넬 수 없는

김진엽 시집

문학의전당

시인의 말

소나무로 만든 책상에 앉아 나이테를 본다.
나이테 간격이 한결같지 않다.
목숨을 유지해야 하는 것은 다 그러함을 본다.
주머니에 단돈 십 원이 없는데 가슴 그득했던 나날이 있었다.
그런 날을 함께 보낸 사람이 만들어준 소나무 책장에
수많은 시인들이 줄지어 꽂혀 있다. 저들 틈에 내가 있다.
부러 유명 시인들 한복판에 무명인 나를 꽂았다.
몹시 민망했다. 그날의 부끄러움 침묵으로 눌러놓고
내 안에 울고 있는 어린 나를 위로하며 끊임없이 시를 썼다.
미처 성숙하지 못한 내가 나의 창작물이었다.

2022년 11월
김진엽

차례

제1부

제2부

제3부

제4부

제1부

미완의 봄

피는 꽃 그리려는 사이 꽃이 지고 있다

붓 대롱에 댓잎 대꽃 다 피도록 한 송이 모란 못 그리다니
시에는 영 소질이 없나 보다

미끄러지며 겨우 그은 일 획
한 줄조차 엉망이다

올봄에는 딱 한 줄 제대로 써보려 했지만

2월

은사리 사람에겐 2월은 썩은 달인데
영등바람 불어 혼인조차 못하는 달
농사든 그 무엇 하나 안 되는 달인데
썩은 달 저 태어난 날 얼굴 한번 보자는
바람 내리는 썩달에 태어난 여자
팥죽을 좋아하는 잘 웃는 여자
잘 우는 여자 지붕 위의 바이올린
그 노래 멋들어지게 부르는 여자
방금 명동에서 달려온 듯 내려온 듯
미끄러지게 차려입고 웃고 서 있는데
무너질 것 같아 부서질 것 같아
뺨 비비며 꼭 안아주고 싶은 여자
사람 잃고 살림 잃고 뭘 해서
제 새끼 대학 공부시키는지 걱정인데
그늘 없는 말품에 꽃이 피는데
정겨움에 단꿀 뚝뚝 떨어지는데
이제 나이 먹을 만큼 먹었으니
어디든 뿌리내려 보라 했더니

제 뿌리 개가 물고 가버렸다는데
짧은 인생 언제 뿌리내리고 가지 뻗어
꽃피우고 열매 보냐며 나를 다그치는데
썩달 생은 넘어지면 잽싸게 일어나
하늘 보고 침 한번 뱉으면 그만이요
자빠지면 툭 털고 일어나야 산다는데
—가요, 또 봅시다
꼭 안아주고 얼른 차에 오르는 여자
차 꽁무니 안 보이도록 쳐다보다가
돌아서는 발길이 언제나 무거운데
헤어지는 뒷모습까지 웃는 여자
해 뜰 때보다 해 지는 시간을 좋아하는
나보다 열두 살 적은 여자 보내고
한동안 내가 더 많이 우울하겠는데

궁생원(窮生員)

주워온 의자에 앉아 시를 쓴다

낯선 동네 느티나무 아래 버려진 너를 주웠다
필요하신 분 가져가시오 단정하고 기품 있는 손글씨
얼른 좌우로 밀어본다 삐걱삐걱 날개 다친 새소리
난다 삐걱삐걱 그 집에서 쫓겨난 사연 궁금했는데

통나무 앉음판 닳아서 희끗희끗
앉을깨가 닳도록 뭉그적뭉그적
누가 눌러앉아 무슨 공부했을까
단박에 애착심까지 생겨
버려졌으나 궁색하지 않은 나무 의자
이 정도면 충분해 적당히 낡아서 더 좋아
가자 의자야 여기가 끝이 아니야
버려진 날 다시 시작하는 거야
시무룩하게 주저앉아 있지 말고 일어나
나하고 가자 버려진 내가
버려진 너를 어떻게 버리고 가니

데려온 의자 위해 앉은뱅이책상에
같이 살자며 튼튼한 다리 달았다
난데없이 다리가 생긴 것이 이상한지
제 아래 내려다보며 책상은 골똘해지는데

느티나무 아래서 주워온 의자로
서로 다른 것의 환골탈태로
내 오랜 시의 궁색을 면한다

몸살에 극성

가만히 앉아 있었다 앉아 있기 힘들면 누워 있었다 그러다 잠 오면 까무룩 졸곤 했는데 혓바늘 돋았다 입가에 낙타 없는 대상이 우르르 찾아왔다

하루 쉬었다 몸은 편한데 마음이 불편하다 심심한 사람이 되어 마당에 나가 풀 몇 포기 뽑으면 소낙비에 쫓겨 들어왔다 젖은 옷 입은 채로 마를 즈음 또 나가 호미 그어보면 땅거죽 옳게 못 적시는 마른 장맛비 사이사이 엎디어 풀을 뽑는다 풀이 극성이다 내가 더 극성이다

시시각각 바뀌는 날씨의 변덕을 본다 나의 하루를 본다 일 년을 본다 비바람 치는 창밖 보다 말다 책을 보는 둥 마는 둥 혓바늘이야 안 보이니 그만이지만 입가 대상의 낙타 발이 밟고 지나가는 고통에 수시로 자지러지는 한낮

잠시 비 흩뿌리다 쉬는 틈에 바삐 나는 저 나비
오늘 살아 움직이는 생명 처음 만났다

가묘(假墓)

대가저수지 13만 9천 평 물 있던 자리 마른 곳엔 풀이 돋아 무성하다 물 마른 자리 걸어 다니는 새 울음 쩌릿한 새 미묘한 한낮 고요에 젖은 발가락 보고 싶어 새 걸어 다니다가 날아오른 자리까지 들어와 섰다 내 무덤에 들어선 듯 등이 오싹해진다

물놀이하다 익사한 동네 아이 잘 달리다 돌연 저수지로 뛰어든 택시며 실연한 남녀 빠져 죽은 이야기 뒤에 누군가 달래듯 징 치며 위령탑에서 천도재 올리던 소복 만신 있었다 얽히고설킨 소문 너무 많이 들은 탓인가 가뭄 들어 물 마른 여기저기 원한의 무덤 배반의 무덤 원망이 마른 자리가 고요해서 무겁고 무섭다

그해 늦가을 한밤중 어린것 업고 여길 왔었다 시꺼먼 물 내려다보고 섰는데 그래 죽자고 마음 다잡는데 자던 아이 모진 어미 등에서 뜨거운 오줌을 쌌지 오줌 누었다고 낑낑거리며 함께 죽기로 마음먹은 어미 등에 착 달라붙어 새근새근 다시 잠들던 아이가 서늘하게 식은 어미 등골에 땀이 솟게 했다 자

는 아이 고쳐 업고 물 등지고 돌아섰지 저 멀리 돌아가 살아야 할 세상 막막했지만 내몰린 벼랑 끝보다 더 벼랑 같은 어둠 속으로 타박타박 걸어 돌아왔던 머나먼 일 죽은들 잊을 수 없는 일 이제는 이것저것 얼추 다 말랐다

그날 어미 등에서 어미 살린 아이에게서 기쁜 전화를 받았다

누군가 서넛이 곁에 있다는 이 섬뜩한 느낌은 뭘까 풀숲에서 나는 선명하지 않은 낮은 음성 돌아보면 없다 잔뜩 가뭄 든 유월 한낮 종아리를 감는 풀 바람 소리 휙 휘리릭 난다 멀찍이서 커다란 조개 쪼다 힐끔 보는 왜가리 눈길이 날 선 작두처럼 서늘하다 목숨이 막 빠져나간 눈빛 여기저기 커다란 입을 쩍쩍 벌린 펄조개 죽어가는 펄조개 입에 발이 푹 빠질 것 같다 아니 살아서 못 나가면 어떠하겠는가

그 아이 돌 밥그릇과 돌 밥그릇에 넘친 모자의 눈물 생각한다 여기를 모자의 가묘로 썼던 그 힘으로 살아냈던 날이었다 이제는 다시 못 일어설 일 다 견디게 했던 그 힘으로 몰래 써

놓은 가묘 13만 9천 평 살다 맥 빠지거나 오늘처럼 기쁜 날 너른 둘레 걷고 또 걷는다 내 등에 업혀 있던 삶과 죽음 생각하면 말없이 바라보고 있는 저 자비의 물이 늘 고맙다

미나리는 힘이 세다

미나리꽝에다 집을 지었다
미나리는 절망하지 않고
내 집 뿌리가 되었다
마당 여기저기 미나리가 돋았다
흙 채워 서너 자는 돋운 마당에
흙이며 자갈 어떻게 뚫고 나왔을까
어떻게 여기까지 올라왔을까
들여다보니 순한 조선의 얼굴이
옹기종기 모여 있다
저 미나리 자손처럼
우리 식솔 힘차게 솟아라
번지고 번져서 번성하고
번성하여 힘을 기르길
미나리에는 사람 모으는 힘이 있다
나물밥 나눌 때 그렇고
가을 전어 초미나리무침 한 대야 버무리면
저절로 사람이 모인다
어머니가 모이고 아버지가 모인다

일가친척이 다 모인다
모이는 것이 뭉치는 힘
미나리의 힘이다

꾼

술꾼에게 술시가 있듯 차꾼에게 차시가 있다 차시가 되면 목이 타 안절부절못하다가 찻물 먼저 올려놓고 혹시 누가 안 오나 주섬주섬 다기 챙기며 창밖을 기웃기웃 기척 없는 손전화기 열어보고 이내 또 열어보고 끓는 찻물 식히는 둥 마는 둥 거푸 몇 잔 들이켜고 나면 세상 부러울 것 하나 없는데

비 오면 비가 와서 한 잔 바람 불면 바람이 좋아 한 잔 시집 읽다 멋진 시가 부러워서 한 잔 부용꽃 피었다고 반가워서 한 잔 부처꽃 흔들린다며 홍얼거리며 한 잔 제비꽃 색깔이 고와서 또 한 잔 꾼은 어째 이토록 마셔야 할 이유가 많은지 생각하다 또 한 잔

새가슴의 배후

내가 왜 새가슴인지 아니
열 살에 아버지 잃은 흔적이야
길을 가다 아버지 손에 매달려
깡충깡충 재잘거리며 가는 아이가
지금껏 한없이 부러워
말할 수 없는 그 수많은 날
차곡차곡 쟁여져 새가슴이 된 거야
요즘 노래를 부르면
내 가슴에서 울다 지친 새소리가 나
아버지가 보고 싶다는 말과 비슷한 소리
몰래 베갯잇 적시며 우는 새소리
웅크린 그 소리는 내 몸 깊이 실핏줄로 퍼져 있어
노래를 부르면 노랫말에 찔끔찔끔 피가 묻어나와
암만 밝고 경쾌한 노래인들 내가 부르면
결국은 클레멘타인 곡조로 만들어버리는
점점 혀가 굳어가는 내 속 그 새 울음을
의사는 오진하지 그게 천식이라고

오래된 오늘
—내산리 산 170번지

다시 나락꽃을 보고
어린 참새 소리를 듣다니

흙이 된 내가 흙이 되지 못한 내 밥그릇
조각조각 소중히 들여다보네
고개를 갸우뚱거리는 사람아
값나가는 근사한 청화백자 아니지만
내 밥그릇 국그릇이 이 땅의 역사여
초라하고 녹슨 살림이지만 민망하지는 않네

시간이 빠져나간 백골 한 줌 흙인
나를 다시 세워 보아라
어떻게 죽었는가를 보면
어떻게 살았는가를 알 것이니

여기는 해상왕국 소가야
어제와 오늘을 잇는
푸른 소나무를 흔드는 부드러운 바람

불티같은 은하수의 밤이 들고
아침이면 빛이 내게로 쏟아지네
묵은 흙마루에 들어찬 빛에 어려 눈이 부시네

끝난 곳에 시작이 있네
오래된 나, 오늘이 되네

봄눈

앵두나무 가지치기를 한다
빼곡한 봄눈 엷은 분홍 꽃눈
꺾고 잘라 항아리 가득 꽂았다
채 뜨지 못한 눈 수백 개
잘린 것이 서운하지만
아주 서운하지는 않게
노잣돈 삼아 십 원짜리 구리 동전
서너 개 꽃병에 넣어주어
잘린 상처를 달래본다

한 이틀 지나 오두막이 환해졌다
상처 한 덩이 봄꽃구름으로 피어
온 집이 설레고 벅차다
돌같이 굳은 마음 순식간에 풀어놓는다
앵두꽃 피었다고 고백했다가 다친 순정
떠나간 내 엷은 분홍의 시간
내 몸에서 돋아난 봄 번민까지
모두 불러 한가득 피었다

이틀 만에 확 피어버린 봄
저 흡뜬 눈
열매에 이르지 못하였지만
물에 서서 핀 앵두꽃 선생 가르침 있어
비로소 남의 생이 보이기 시작한
눈

봄날의 눈

눈물

너는 아니 나에게 엄마와 너는 무게가 흡사해

아비, 지아비

아버지가 아프면 태산을 넘어온 기러기처럼 끙끙 앓았다 몸살이 지나가면 솜 트는 기계에서 나온 목화솜처럼 조금씩 숨이 죽어 간신히 일어나 하루 살고 일 년 사셨는데

그 사람 콧김이 뜨겁다 열이 나 코끝이 벌겋다 침 한 방울 삼키기 마뜩잖아 찌푸린 오만상 이불 밑이 축축하다 훅 올라오는 땀내 몸이 불화로같이 뜨거운데 핫이불 둘러쓰고 춥다는데

귀밑머리 하얘진 세상 떨거지 둘이 마음 맞추는 데 사십 년 걸렸는데

어쩌누 어쩌누 물수건으로 땀을 닦아주며 병원 가자고 졸라본다 꼬박 하루 앓더니 털고 일어나 따뜻한 물에 목욕하고 김치국밥 한 그릇 근근이 그러나 다 비운다

다시 일어나 앉는다 여보 손톱 깎기 어디에 있노 앓는 사이 손톱이 자라 엉망이다 어쩜 저럴까 아버지처럼 일어나자마자 또 무얼 찾기 시작하는 내 지아비

눈의 달란트

하늘 나는 잠자리는 머리가 온통 눈인데
낮달은 저 큰 하늘의 눈인데

내 사람은 한쪽 눈을 잃었다
남은 한쪽 눈은 덩달아 자꾸 아픈데

삼 년 전 옮겨 심고 같이 좋아했던
소나무 그늘에 홀로 앉았다
평생 잊지 못할 아름다운 순간보다
평생 잊지 못할 아픔이 더 많은 사십 몇 년
그 한 모서리에 쪼그리고 앉아
잠자리와 낮달의 한가로운 유영을 본다

잠자리 몇 번을 앉았다 다시 나는
그 곡선을 쫓아가다 따라가다
하늘을 올려다보면
많은 눈 다 뜰 필요 없어
감은 듯 실눈으로 흐르는 초승달

험한 세상 남은 생을 어이 건널까 한 눈으로

바람 없는데 눈에 티끌이 날아들었나
눈이 못 견디게 머들거리고
눈물이 흐르는 그해 8월 오후

끝나가고 있는 내일이 오늘 앞에 엎어져 있다
절망이 희망이라 말한 자가 후회하며 엎어져 있다
불쑥 다가앉은 먼 훗날이 두려워 눈이 따끔거린다

노을

말하지 않지만
안다 다 안다
저나 나나
사랑할 시간
얼마 남지 않았기에
서로를 바라보면
눈시울부터 붉어진다

제2부

열 살을 한꺼번에 먹고

사람 없는 집에서 한 이틀 몸살 앓았다 일터로 나가고 장가가고 불렀지만 대답할 사람 없는 줄 알면서 아이 이름을 부르며 문을 밀고 나간다

당연한 일인데 서운하다 절간이 따로 없다 다리가 휘청하고 몸살이 한 번 더 농익는다 몸에 남아 있던 것이 우수수 빠져나간다 열 살을 한꺼번에 먹어버린 것만 같다

적막은 햇살에 부서지고
힘겨워 박살 난 설운 어깨
햇빛과 바람에 맡기고
며칠 만에 올려다본 하늘
새 한 마리 날아간다

수화(手話)의 말

신이 지금 여기 이 자리를 다녀가야 될 일이다 저들의 말문을 툭 틔워주고 가야 할 일이다 도무지 말이 죽죽 뻗어나가지 못한다 뒤엉킨 말끼리 뿔을 맞대고 밀고 밀치는 야단법석 소싸움 한판 벌어졌다 숫제 덩이져 물수제비반죽이다

그런 벙어리 여인 셋 내 찻상에 둘러앉았다

거의 필사적인 대화 그녀들의 배냇말 시월에 진주 가자 소싸움 구경 가자 예쁘게 입고 가자 봄에 통영 케이블카 타러 갈 때 입은 옷 예쁘더라 그 옷 입고 가자 봄옷인데 가을에 입어봐도 되겠니 이 말 여섯 마디 전달하려고 말이 서로의 몸을 타고 넘고 콱 막혔다가 뚫리고 가슴 아래 고인 것을 다 퍼내어 그래그래 가자 소녀처럼 깔깔거리며 웃기까지 꼬박 두 시간 사십 분이 걸렸다 그 긴 시간 동안 두어 주전자 우려낸 찻값 그녀들에게 배운 배냇말 대여섯 마디 간혹 사거리에 모여 내 혼을 쏙 빼놓는 여인 셋 우리는 같이 늙어간다

이 세상 꿈처럼 살다가

새로 태어나면 부디 말 잘하는 사람으로 살아라
가슴 앞에 가만히 모으는 두 손

앞산에 단풍이 왔다 가을이다
올해는 진주 소싸움을 며칠날 할까
여인 셋 소싸움 구경은 다녀왔을까

홀로 마시는 찻상에 어룽거리는 여인 셋

칠월 셋째 날

무화과나무에 잽싸게 날아드는 직박구리

반쯤 익어가는 무화과 언제 봤을까 쥐눈이콩 반만 한 눈이 열매를 보는 데는 매 눈이라

익어가는 열매 한 알 두고 새와 사람이 서로 먹겠다고 눈치 작전 실랑이가 시작됐다

져도 기분 나쁘지 않은 싸움 어디 있을까만 이 싸움만은 부디 오래오래 이어지기를

서로 먼저 먹겠다고 설익은 열매 뚝 따버리는 못된 손모가지가 되지 말 것이며 빼앗기느니 콕콕 쪼아버리는 나쁜 새 부리 되지 말 것

먹는 것을 두고 벌이는 기 싸움은 천하에 몹쓸 짓

기다리자 섣부른 짓 하지 말자 열매 한 알 키우느라 애쓴

무화과나무 공로를 높이 사자 무화과가 맛있게 익도록 가만히 기다리자 한 알의 달달한 무화과를 맛보여 주려고 뙤약볕을 물고 좁은 꽃 문 목숨 걸고 드나든 벌의 공로를 헌신짝처럼 저버리는 파렴치한 되지 말자

그래 서로 눈독 들이는 무화과 한 알
오늘이 생일인 내가 양보할 테니
열매가 완전히 익기를 기다릴 줄 아는
사람과 새가 되어 뜨거운 여름 잘 익은
우리가 되기를 소망하며

빈집

애초에 빈 것 없다

떠난 것 산더미 같은 추억 대롱대롱 거미줄에 붙어 있는 것 보면 그렇다 거미줄 낡아지면 저것은 끈적끈적해진다 오래전 그 집을 떠난 것의 유전자가 된다

담장은 허물어져 살아있는 유자나무 꺽대기 대낮에 뜬 달이 세 개 빡빡 얽은 달이 세 개 후손이 있으므로 불쑥 찾아올 수 있으므로 다 아는 도둑이 다 훔쳐 가지 못하고 남겨둔 주근깨 빡빡 얽은 유자 딸랑 세 개 장대로 겨우 땄다 가득한 것 빈 것 모두 싫다 한번 가면 돌아올 줄 모르는 것은 나는 싫다

얼금얼금한 유자는 빈집을 지키는 주기도문

처음부터 그득한 것 없다

생일의 손

손이 참 거칠다 둘러보면 다 비슷비슷하게 사는데 손은 내 손이 제일 거칠다

쉴 틈 없이 부려먹었다 거칠긴 당연한데 습관인 듯 조금 나아 보이는 왼손으로 오른손을 덮는다

누구는 거친 제 손이 자랑스럽다고 했다 열심히 살았으므로 떳떳했다 그건 무엇인가 해낸 자에게 허용된 말
나는 손이 먼저 늙었다

이 손으로 막히면 뚫고 허물어지면 일으켜 세우며 이 악물고 여기까지 왔다 어제가 내 생일인데 식구는 아예 모르는 것 같다 우두커니 앉아서 굵은 손마디 자꾸 문질러 본다 크림을 듬뿍 발라가며 문질러 보지만 크게 달라지지 않는 손

손이 참 많이 늙었다

기울어지는 것의 순간

그건 찰나지요

팔 년 전 추석 전날 저녁상 들고 부엌에서 마루로 나오던 둘째 며느리 얼마나 놀랐는지 몰라요 배가 제법 부른 임산부였거든요 밥상 못 들게 말리다 어느새 휙 하니 들고 나가는데 대문이 와르르 무너졌어요

기둥이 썩어 기우듬한 대문간 보며 늘 걱정은 했어요 기와는 무겁고 받치고 있는 기둥은 다 썩어 곧 주저앉을 것 같았지만 사람의 훈기가 좋아 많이 버텨준 것 알아요

아름드리 느티나무 그늘 아래 기와에 앉은 이끼 밤별 앉았다 가는 시간 단골로 찾아드는 뭇 새 떼로 우는 매미 느티나무 서어나무 물든 이파리 몇 장 그런 것의 무게나 그늘 소리 기척에 조금씩 더 기울어졌다는 것 잘 알지요

더 이상 견딜 수 없었겠지만 하필 식구 모이는 명절에 무너질게 뭡니까 추석이나 쇠고 그랬으면 자식 앞에 그렇게 무참

하지는 않았을 텐데 밥상 든 아이가 밥상을 놓치지 않은 게 아무 일 없는 게 불행 중 다행이었지요

남의 조상 모셔놓은 기우듬한 남의 사당 진주시 이반성면 충의사 수십 채 중 가장 낡은 한 채 무상으로 살고 있던 터라 그 낭패감 그 막막함 이루 다 말할 수 없어요

대문 무너지고 대문 못 세우고 상여집 같은 거기서 두어 해 더 버티고 살았어요 다 잃고 들어갈 때는 딱 일 년만 살고 돌아오리라 다짐했지만 일 년이 십 년 됐지요 세상 내 맘대로 되는 일 하나도 없어요

기울어진 것은 가장 힘들 때 무너져요

봄비 내리는데

바다 기슭으로 내려간다
누가 부른 듯 이끌리듯
밤새 도동동동 동동
낮고 애잔한 징 소리 나던
물숭어로 간다

된바람 불던 음력 이월 어느 물때 톳 뜯으러 내려갔다 돌아오지 못한 사람 달이 데려간 사람 너무 말이 없었던 사람 말할 데가 없었던 사람 갱문에서 미끄러져 죽은 영혼 위로하는 비손 안택 끝난 자리 돌려 깎은 제물 사과 한 개 배 한 개 오소소 소름 돋은 밀감이 세 개 백설기 세 쪽 꽂문어 다리 한 가닥 북어 한 마리

썰물이 서너 발 끌고 갔다
밀물에 두어 발 밀려온다

오도 가도 못하고서 엉거주춤한 영혼이여 생각해보면 가난했고 쓰리고 아픈 나날뿐이었건만 새장에 갇혔던 새처럼 날

아가라고 새장 문 활짝 열어주지만 도로 날아드는 가엾은 영혼아 훨훨 날아가거라 둥실둥실 떠나가거라

죽어서나마 좋은 곳으로 보내는 비나리 안택굿 한 여기 톳이 자라 숲이 짙다 미역 두어 오라기 뜯어 바닷물에 가만히 놓아본다

수평선에 배 한 척 서 있는 듯 가고 있다
저 배에 몸을 싣고 부디 잘 가거라
돌아보지 말고 가거라

그녀

시를 쓰던 친구는 어제 다른 세상으로 떠났다 빈소 꽃 속에 웃고 있던 그녀는 경계를 넘어갔다 청바지에 하얀 셔츠 선글라스 단발머리 흰 운동화의 그녀 매정하게 나와 나보다 더 질긴 것을 끊고 자르고 버리고 책장 정리한 책 한 상자 택배로 왔을 때 가슴이 철렁했다 책 보따리 택배는 그녀가 내게 보낸 입술 꽉 깨문 신음이었다 그 신음 안으로 감추고 사는 내게로 택배를 보냈던 그녀가 내 책장에 꽂혀 있다 그녀는 내 발인에 같이 불쏘시개가 될 것이다

어제 진 꽃은 그녀 눈 속에 있고
오늘 피는 꽃은 그녀 눈앞에 있다

동행

제풀에 살이 쏙 빠진 꽃 그림자 앞에 우두커니 섰다

누군 병이 들고 싶어 드나

그간 열심히 살았지만 그게 다가 아닌 게지

그래 무언가 늘 어긋난 걸 꿰맞추며 살았어

무병장수 바란 일 없으니

도저히 떼어낼 수 없다면 같이 가야 된다면

차라리 나란히 함께 가자 암, 같이 살자

꽃과 꽃 그림자처럼

하나가 고꾸라지면 같이 끝장내며 가는 거지 뭐

소설 클레멘타인

아비가 죽고 이레 지난 한낮에 아비의 큰딸아이가 쓰러졌다

동지섣달 열아흐레 방학 당번하고 돌아와 댓돌 앞에서 쓰러졌다 엊그제 아비가 숨을 거둔 큰방에 몸져누운 아이의 어미를 위로하러 온 이웃 사람 소리 두런두런 오고 가는 그 축담에서 쓰러졌다 흰 고무신 검정 고무신 여러 켤레의 신을 보며 방문에 대고 학교 다녀왔습니다 인사를 하였지만 아이 소리 듣지 못하고 먼 친척 고모가 하는 말

스님 될 아이 아비한테 큰딸이 생겨났고 그 딸이 제 아비를 잡아먹었다는 소리가 너무나 분명하게 들렸다 아비 죽고 기가 죽은 열 살짜리 아이에겐 도저히 감당할 수 없는 말 그 날 벼락 같은 소리에 뒷골로 찬 기운 더운 기운이 빠져나가는지 들어오는지 귀가 있는지 없는지 감각이 없어졌다 귓속에서 트라이앵글 소리 자꾸 나고 마구 뛰는 가슴이 찢어지고 코가 찡 울리고 놀란 눈에 눈물이 고이는데 아니라고 나 때문이 아니라고 소리치려는데

무슨 소리냐 우리 큰아이 때문에 저거 아비가 죽은 게 아니라고 버럭 소리를 질러 내 편을 들어주지 않는 어미가 떠오르는 순간 저 말이 맞나 혹시 어미마저 저 말이 맞다 생각하는 건가 억장이 무너지고 말문이 막혀 그만 풀썩 쓰러진 것이다 그 뒤로 일 년을 말을 삼킨 아이는 세상 외톨이가 되어 소 먹이러 가고 학교에 갔지만 말을 못했다 말이 발끝에서 생겨 다리를 타고 올라와 뱃속을 지나 가슴을 박차고 목구멍을 들이밀고 입속으로 와 입술이 움직여야 소리가 된다는 걸 아이는 그 어린 나이에 알게 되었다

말이 그렇게 먼 곳에서 온다는 걸 알아버린 아이 목구멍보다 깊은 곳에 턱 하니 걸려 있는 그 한마디 말에 가로막혀 다른 말이 입 밖으로 생겨 나오지를 못한다는 것을 아이만 알았다 그 아이 어린 동기간이나 엄마는 몰랐다 학기가 바뀌어 새로 오신 담임선생이 출석을 불렀다 대답하지 않고 선생 얼굴만 빤히 쳐다보는 아이를 늘 대변해주는 친구는 아파서 말을 안 한다 했는데 선생은 말을 못하는 아이로 생각했다

어느 음악 시간 노래를 따라 부르는 걸 선생이 봤다 그 노래가 클레멘타인이었다 아이는 노랫말이 슬픈 그 노래는 꼭 배워서 부르고 싶었다 선생은 풍금을 치고 노래를 가르치면서 눈은 아이에게 대놓고 있었다 바닷가로 가서 부를 클레멘타인 아이의 아비가 죽기 전 가끔 낚시하던 동강 바다로 나가서 부를 노래 훤칠한 키에 모시 바지저고리 멀리서 은비늘 바닷물에 금빛으로 반짝거리던 아버지의 밀짚모자 물결 따라 흔들리던 작은 배에 아비와 앉아 바다를 보며 부르고 싶었던 클레멘타인

결국 어미가 팔십을 일 년 남기고 죽도록까지 곁에 가지 않고 곁을 주지 않았지만 떠날 수 없어 맴돌았다 지금까지 세상에서 제일 슬픈 노래 클레멘타인 자다가 억울한 그 말 한 토막 비수로 들어앉은 가슴 움켜쥐고 앓는다 살다 억울하고 억장 무너지는 순간 가끔 혼자 부르며 우는 노래 클레멘타인

오십 년이 지나 의술이 발달하여 온갖 병이 다 치료가 된다는데 아이의 가슴은 버쩍 마른 무덤이다 어미가 편들어주지

않은 한 마디 아직 썩은 미역 오리같이 검고 거머쥐면 무너지고 아주 그날 그대로 불생불멸이 되었는데 어미마저 죽고 그것을 얘기할 데가 영원히 없어진 아이 그래서 시에 마침표를 잘 못 찍는 아이는 평생토록 말을 버리고 살았다

백로에 다녀간 산타

자다가 문을 열었다
창밖에 자옥이 쌓여 있던 풀벌레 소리
아침 마당 박새는 벌레 소리에 마음을 빼앗겼다
날개를 접고 고개 갸우뚱거리며
마당을 타박타박 걷는다

풀벌레가 밤새 노래하며 쌓는 가을 소리
자던 발등 닫혔던 귀
산발한 머리카락에 전율이 온다
어릴 적 나에게만 오지 않던 산타
혹은 선물 받지 못했으므로
늘 서운한 크리스마스 선물
벌레 소리 가득한 동화책 한 권이
오늘에야 배달된 것인가
이 앳된 가을 함빡 젖는 이 기쁨
따끈한 차 한 사발 가래떡 한 접시
성탄인 듯 이웃에 돌려야겠다

봄, 오일쯤이면

저건 상여다 꽃상여

한 겹 나무껍질 속 세상
휘둘러온 히어리꽃
돌아온 꽃상여

꽃이 핀다고
벌아 잉잉 울지 마라
피면 지는 것이 만물의 이치이니
날개옷 하얀 두건을 쓰자
상여를 메자

화사한 오일장을 치르자

저 꽃상여, 서쪽 가는
재 넘는데 닷새면 족하리니

초록 지팡이

엄마가 왔다 초록 지팡이를 짚고 왔다 캄캄한 진펄 속 뿌리가 고독과 잎사귀를 밀어내다 구멍이 된 많은 내일 구멍 난 내일을 자랑스레 통과한 엄마가 왔다 살아생전 눈물로 기도하던 천국을 짚고 왔다

사람으로 북적대는 연꽃밭 활짝 핀 연꽃에서 평온을 보는 사람 지옥을 보는 사람 진펄을 보거나 천국을 보거나 태연하게 엄마를 읽는 사람 있다

—청춘에 남편 잃고 제대로 된 자식 하나 없이 우리 엄마 무슨 재미로 살다 가셨나 몰라

가만히 서 있었지만 땀이 뚝뚝 떨어지는 말복 꽃향기 그윽한 여기는 상리 연꽃마을 엄마가 왔다, 초록 지팡이를 짚고 왔다

자식이 철들기 전 가버린 엄마 철들자 늙어버린 나 초록 지팡이 분홍 왕관이 엄마의 한 생이다

돌아온 엄마를 안고 놀고 엄마와 내가 배가 고파 다섯 장 꽃잎으로 가려놓은 연두 꽃밥 수술 암술 희고 노란 달걀지단 은혜로운 일식 일찬 연꽃 도시락 까먹으며 아주 느린 이별의 부산정거장을 불렀다 장송곡처럼 불렀다 그 이상 무엇 하나 할 수 없었다

내 몸속 가득 박제된 초록 지팡이 가만히 더듬어본다

넘어졌다 일어설 때 하나씩 꺼내 짚고 일어서 돌아올 엄마를 위해

두릅

꽉 접고 있는
매미 날개를 벗긴다

쓱쓱 날개옷 벗긴 매미
팔팔 끓는 물에 데친다
불그레한 두릅 끓는 물에 살짝 데치니
새파란 봄이다!

소금으로 매염 된 봄 매미 날개 밑에
감춰둔 속 알맹이
초고추장에 콕콕 찍어 먹는
봄이 준 행복 한 접시
가시마저 부드러워진 봄

쌉싸름한 봄 한 접시 다 찍어 먹고
봄 살고 여름 살아 가을을 건너리

내 묵은 몸 여러 날 향기롭겠다

제3부

소소 1

고개 한껏 젖히고 우유를 마시다 두 눈으로 똑똑하게 보고 말았다 세상에 비밀은 없으므로 누군가 알게 될 것이다

그 순간부터 시가 먼저 날개를 단다

우리 재워놓고 커다란 달 안주 삼아 한잔하시며 북 찢어 꼭꼭 씹어 안주로 자셨다 불온한 성부는 전능하시므로 씹어 자신 절반은 한 달에 한 번은 꼭 채워놓으신다

반쪽의 시가 떠 있는 하늘
그 아래 닭 울음소리
한여름 아침이 이렇게 상쾌한 것은
평온한 비밀을 안 즐거움이니

조립한 꿈

세상 타박타박 걷고 싶어 세계지도 모양 시계를 샀다 째깍거리는 소리조차 안 나는 까만 시계 돈 먼저 주고 스무날 가까이 기다리다 왜 시계가 안 오냐 했더니 이태리에서 만들어 온다고 했다

아뿔싸 오긴 왔는데 조립을 해야 되는 이 낭패 둘이서 한나절을 주물러 겨우 만들었다 만들어 텅 빈 벽에 걸었더니 그럴싸했다 그게 지난가을이었다

겨울 잘 지내고 이른 봄 문제가 생겼다 시침이 뒤처져 간다 도무지 알 수 없는 일이다 서너 번 억지로 끌어당겨 맞추면 또 느리게 가는 시침

초침 분침은 정상으로 가는데 시침만 처지는 시계는 제 난 곳을 아는 것일까 시차적응을 여태 못한 것일까

몸이 아픈 너와 다짐한 일 더 아파 자리보전하기 전에 여기저기 돌아다니자고 밥을 먹다 차를 마시다 시시때때로 다짐

했는데 명치 부근이 우리하다

둘이 시계와 벽을 한 몸으로 만들어 걸고 아직 한 발짝 나서보지 못했는데 시계 먼저 고장이 났다 코로나도 수그러들지 않고 시계도 뒷걸음질 하니

이번 생에서 여행은 글렀다

봄 도다리쑥국

정월 초하룻날 아침 쑥을 캤다 꼭 쥔 아기 주먹 한 주먹 캤다 초이틀에 초사흘에 새봄 사흘을 보태어 도다리 이만 원어치 넣고 쑥국을 끓인다

내일은 어디 붙어 있는지 모르는 서울대학병원 가는 날

너를 위해 할 수 있는 일이 이것밖에 없나 멍하니 쑥국이나 끓이며 함께 봄을 보는 것이 끝이 아니기를 하지 말아야 할 생각하다가 고개 절레절레 흔들다

새파란 쑥국 한 그릇 네 몸에 들어가 네 피를 얼마나 맑게 할 것인지 무슨 효과 있을까 싶지만 딱히 내가 할 수 있는 일이 없어 풀 죽은 사흘을 씻어 팔팔 끓여 먹인다

일부러 맛있다 참 맛있다 후루룩거리며
너 한술 더 뜨게 하는 일에 온힘 다 쏟아보는
입춘과 우수 사이 쑥국
봄 도다리쑥국

손대지 마세요

곡우가 한 이레 남은 봄날 찻잎을 따다 차나무 가지에서 오목눈이 새 둥지를 본다

새파란 하늘색 새알 두 개 차밭에 먼저 와 계시는 엄마 파란 새알에서 엄마가 나올까봐 어미 오목눈이 새 간이 콩알보다 작아질까 봐 옆 고랑으로 옮겨와 찻잎 따다가 어미 새 오나 보다가

가마솥을 데워 천연덕스럽게 차를 덖는다 이제 덖음 시작하는데 갈중이 나는 맏물 차, 세상 모든 여린 것에서는 풋풋하고 평온한 배냇냄새 나는데

오래전 엄마에게 나에게 이런 냄새가 났을까 그런 날이 있기는 했을까 배릿한 맏물 차 한 잔에 파란 새알 파란색을 좋아했던 엄마 생각

찻잔 속에 엄마 있다
찻상에 마주 앉아 있다

아닌데

그럴 리 없다 갯밭이 그 언니네 찬장인데 찬간에서 미끄러지다니 미끄러져 죽다니 혼자 톳을 뜯다 누가 부른 듯이 갔다는데

엄마가 불렀나

어쩌다 한 번씩 오는 나에게 찬거리 인심 넉넉했다 미역 한 소쿠리 건네며 마당에 풀이 잔디보다 많다 그냥 시멘트 발라 버려라 그런 걱정하더니 배를 타고 나무여로 김 뜯으러 갈 때 말고는 자기 동네 갱문을 벗어나 본 일 없는 고향 언니 눈감고 다닐 수 있는 바다 기슭 거기서 미끄러져 죽다니

어질머리가 났을까

어느 해 늦은 가을 고기잡이 나간 형부 바람이 거세지는데 가야 되는데 고기가 자꾸 드니 하늘 보며 파도 보며 조금만 더 조금만 더 하다가 이제는 얼굴 가물가물한 형부

형부가 데려갔나

아랫동네에서 태어나 윗동네로 시집간 언니 거푸 사흘을 집 떠나본 적 없는데 입춘에 참 어처구니없다 가슴이 미어진다

밀물을 모를까 썰물을 모를까 내일 또 내려올 길 찰박찰박 걸어 오르며 새파란 하늘 새파란 바다 아주 지긋지긋하다며 스스로에게 들으란 듯 콧노래 부르던 언니

그냥 포기한 것이라면 모를까

입추 무렵

베짱이가 옷을 갈아입었다 갈색 옷이 점잖기는 하다 몸짓이 영 굼뜨다 느릿느릿 가다 우뚝 서고 서너 발 가다 멈칫 선다 태산이 무너진들 속도를 달리하지 않을 태세다 저 속도 느려지고 더 느려지고 가다가다 선 채로 뒤돌아보지 않고 마지막으로 갈 것이니

이 작은 짐승이 오늘 내 스승이다

넉넉한 품

느릅나무 속으로 새 한 마리 날아든다
잠깐 흔들리다 이내 잠잠한 나뭇잎
짙푸른 잎사귀 콩콩 뛰는 작은 가슴을 품었다

다 받고 살면서
고마운 줄 모르는 덜된 인간 하나
만물의 순응 앞에 눈이 휘둥그레진다
천천히 웃음을 짓는다
머리를 오래 끄덕인다

세상이 오늘처럼 혼자 울 일보다
같이 웃을 일이 많으면 좋겠다

천지에서 싸우다

내 아무리 보잘것없는 인간이라지만 생면부지 다른 나라 사진사와 싸우려고 민족의 영산 백두산을 올랐을까

그해 칠월 중순 천지에 올랐더니 울기에 좋은 곳 기념사진 찍기 좋은 곳마다 중국 사람이 자리를 다 차지하고 있었다 사진 한 장 찍게 자리 좀 비켜달라고 정중히 말했더니 안 된다며 그러려면 돈을 내라고 퉁퉁거리는 바람에 내 속에 천불이 붙어버렸다 안 그래도 빼앗긴 설움 꾹 눌러 참고 있는데

너 오늘 잘 걸렸다 왜 안 되니 여기가 누구 땅인데 네가 되니 안 되니 하니 대체 너희가 왜 여기서 우리에게 자릿세를 내라고 하니 비켜 여긴 우리 땅 우리 자리야 잉잉 울며 소리를 질렀더니 덩치가 산만 한 중국 사람 움찔 놀란 듯 서투른 우리말로 울지 마 울지 마 사진 찍어 많이많이 찍어 하며 슬금슬금 비켜주었다 울다가 눈물 닦고 여기저기에 천지를 잔뜩 담아왔다고 해서 아쉬움이 없겠는가

그토록 그리던 천지 빗속에서 볼 수 있으니
백두산의 드높은 정기가 그날 그 순간

천지를 찾은 모든 사람에게 내렸음이라

천지 건너편에서 공 차는 북한 군인 먼 계곡에 눈 두메양귀비 구름국화 송이풀 하늘매발톱 그 애잔한 노랑만병초 신을 부르는 새가 휙휙 날아다니는 구름 구멍 숭숭 뚫린 화산돌 뜨거운 물이 흐르는 장백계곡 온천물에 삶은 달걀 자작나무 박달나무 비에 젖은 범의꼬리 무너지다 멈춘 잿빛 계곡 이질풀 꿩의다리 눈개승마 용담 오이풀 새우란 소리쟁이 등골나물 장구채 고려엉겅퀴 톱풀

때늦은 장맛비에 다 젖어 물이 줄줄 흐르는 그것을 나는 한 번씩 꺼내 보곤 하는데

그날 나는 중국 사진사와 싸웠다

흑백사진 1

아침에 부시럭부시럭 일어나다 당이 떨어져 또 가무러쳤다 깨어났더니 영감이 우두커니 내려다보고 있기에 반 치나 굳어버린 혀로 간신히 여기가 어데요 물었더니 그 길로 황천길 가지 이 세상 무슨 미련 있어 다시 왔노 인제 그냥 니도 죽고 내도 죽자 안 카나

두 어르신 사이에는 자식 하나 없다 겨우 하나 얻었던 금쪽같은 자식 그 아이 일곱 살에 잃어버리고 세상을 다 뒤져 둘밖에 없는데 그런 소리 들을 때마다 서운하고 분하단다 그래도 영감쟁이 구워 먹이려고 갈치 한 마리 샀다 검은 튤립 닮은 입술을 차 한 잔으로 축인 노인 장바구니 달달달 끌고 걸음을 재촉하신다

남산골 두 노인 고치 같은 집
갈치 토막만 한 저녁 밥상이여
마주 앉았지만 쓸쓸한 저녁
맛나게 자시는지

구운 갈치 토막으로는 달래지지 않을
골 깊은 외로움이 있다

흑백사진 2

대문 앞에 풀이 무성하다 아예 사람 드나든 흔적이 없다 낮고 낡은 저 지붕 아래 두 분이 얼마나 살다 가셨을까 대낮인데 집 안이 컴컴하다 할매 세상 떠나고 얼마 안 있어 할배 요양원으로 갔다더니 밥 해줄 사람 있는 곳으로 갔다더니 할배는 살아 계신지 할매는 돌아가 거기서 편히 쉬고 계신지 새 날아가는 저 하늘 속에서 속병 골병 다 괜찮은지 시간이 멎었다 집이 곧 무너지겠다

부창부수

아프다 축농증 수술은 수술 아니라고
어르고 달래어 기어코 수술 받게 한 당신에게
주먹을 날리고 싶도록 아프다
내가 아파 주먹을 불끈 쥐고 당신을 기다리는
이때 맞춰 와야 하는데

당신은 안다
내 통증이 가라앉고 쥐었던 주먹이 풀어져
흐물거릴 즈음 슬그머니 나타날 것이다
—아프나 우짜것노 쪼깨만 참아라
옆집 아저씨같이 너스레 늘어놓을 것 또한
나는 안다

해당화

칠천도 들머리 돌담장에 해당화 바다로 난 분홍 창문 꽃은 기막히게 어여쁘다만 꽃 앉은자리가 저만은 해야지 수굿한 동남 방향 꽃 둘레 먼 삼면이 산이요 정면이 바다다 보기엔 워그르르 금세 무너질 것 같은 무너질 수 없는 돌담에 뜨거운 목숨 엉겨 붙은 둘이 하나인데

바다 막 건너온 순정한 해풍 대여섯 장 한 무더기 비린 분홍 꽃 냄새에 흠뻑 취해버렸다 떠나고 싶지 않은 해풍은 내버려두고 늦은 봄날만 간다 내가 떠간다

환하고 눈부신 봄 창문 한 뭉치 저 야무진 앉음새 칠천도 들머리 해당화가 양철집 돌담을 지키는 까닭이니 나중에 내 누울 자리 저만하면 욕심일까

부처는 저 꽃 알고 갔을까 예수는 해당화 알고 갔을까

첫 느낌 저만하기 어디 그리 쉬운가
앉음새가 빼어난 가시꽃

자손만대 번창하겠네

탐이 난다 저 꽃자리 꽃그늘 발그레한 창문 앞자리

환불

너무 살고 싶어서 암이라고 말하는 의사는 돌팔이, 얼버무리는 의사는 명의라 불렀다

청명 한식날 병원 진료비가 흩 천백 원이 나왔다 늘 십만 원 가까이 나오던 병원비가 그럴 리 있나 다시 물었더니 4월 1일 자로…… 환자로…… 되셨습니다

사나운 짐승의 뿔이 땅속에서 불쑥 치솟아 뾰족한 그 뿔 끝에 선 찰나에 발가락이 둥그러져 둘러 빠진 몸이 앞으로 고꾸라지는지 뒤로 자빠지는지 무한 공간을 허둥대다 늘 굳센 척하던 사람 눈을 피했다

넘어질 수 없어 간신히 돌아서는데 등 뒤에서 환불 있네요 부르는 원무과 여직원

무슨 재주로 별자리 이탈한 별무더기 내 눈앞에만 쏟아져 으깨지나 처방전을 들고 터벅터벅 약국으로 갔다 얼맙니까 육백 원이네요 살다가 지은 죄 그 벌을 한꺼번에 몰아 받는

내 몸에 피를 한꺼번에 확 뽑아 버리는 이 형벌 어디랄 것 누구랄 것 없이 몹시 미안한 것 같아 현금으로 계산을 했다 천 원을 주고 건네받은 거스름돈 사백 원 동전 네 개의 무게가 어깨를 처지게 하는 식목일 차마 다 건넬 수 없는 식목일 오후

소소 2

일찍 밭에 나온 사람의 두런거리는 소리 호미가 땅을 깨우는 소리로 들판에 아침이 온다 하늘엔 고요한 적막의 막을 찢는 새소리 해를 밀어붙이는 매미 소리 요란한데 노랑나비 한 마리 아직껏 꽃 문 닫힌 부용꽃을 집적대다 오늘 하루 불볕을 어떻게 견디나 걱정하다 휘파람새 떴다 저 부리가 얄미운데 꽃밭 어귀 발그레한 사과 볼에 단맛이 드는 것을 알리고 가니 어쩌누

제4부

시는 후회를 낳고

호미로 우물 하나 파는 데 몇 년이나 걸릴까 시가 묻혀 있는 우물을 판 지 이십삼 년째 되는 오늘 새벽부터 일어나 호미 삽 괭이 연필 볼펜 만년필 모든 연장을 동원해 파고 또 판다 물길은 좀처럼 안 터진다 애당초 맥을 잘못 짚은 것일까 길라잡이 없이 나선 외로운 길 이 길을 영 잘못 든 것일까 이제 정신을 차리고 보니 돌아가기엔 인생을 너무 탕진했다

차라리 그때 뿌리 있는 나무를 심었더라면 지금쯤 그 나무 얼마나 자랐을까 사람을 길렀으면 청년이 될 시간 맞아 그때 나무를 심었더라면 그 나무 그늘에 앉아 찻잔이나 기울이며 차향에 흠뻑 취한 매미랑 주거니 받거니 놀 것을 아이를 이토록 지극정성으로 길렀더라면 늘그막에 극진한 효도나 받을 것을

그랬더라면
그랬더라면

시를 준 새

시집 서너 권 들고 이걸 뒤적 저걸 뒤적 마루에 엎디어서 보다가 반듯이 누워서 읽는데 이렇게 놀면 되나 시 걱정하는데

쿵

새가 창문을 아주 세차게 들이받았다 땅에 굴러떨어지지는 않고 휘청하다 날아간다 천만다행이다 담 밖 뽕나무에 앉았다

나는 여기까지 재빨리 쓰고 슬쩍 내다보니

날아가고 없다 얼마나 아플까 멍이 시퍼렇게 들었을 텐데 해가 지도록 빈둥거리다 깜짝 놀라 연필을 들다 새가 시 속으로 들어오는데 닫힌 창문을 들이받고 들어오는데 죽지 않을 만큼 온몸 던져 들어오는데

멀리 날지 못할 텐데
사나흘은 고생할 텐데
시가 된 새를 품어보는데

남자의 이유

쌀밥을 좋아하는 남자 이젠 잡곡밥을 먹어야 산다는 의사의 진단에 돌팔이 얼빠진 소리라는데 쌀밥 냄새는 입맛 돌게 하고 잡곡밥 냄새는 가난한 우리 집 울안에서 나던 냄새라 싫다 잡곡밥 냄새 지긋지긋하다는 남자

삼겹살 숯불구이를 제일 좋아하는 남자 태운 고기가 가장 안 좋다고 먹으면 더 해롭다는 의사에게 그러면 선생은 무얼 먹고 사시오 퇴근하고 삼겹살에 소주 한 잔이 생의 낙인데 무슨 소리냐 되묻는데

술 담배 일체 안 된다는 의사 말에 어처구니없다 몇십 년 마시고 태웠지만 여태 걸어 다니는데 무슨 소리냐며 콧방귀 뀌며 삶의 질을 떨어뜨리는 형편없는 의사랑 마주 앉아 있기 싫다며 무안해서 쩔쩔매는 나만 두고 휑하니 문을 박차고 나가 버리는

저 남자

신이 존재하는 이유

그는 퍽 좋은 시절 없었다 육군 육 년 군대 생활에 위장병만 얻었다 요절할 줄 모르고 결혼을 했다 아이가 셋이었다 큰아이 열 살 겨울방학 때 죽었다 병명은 몹쓸 놈의 위암

그 겨울 저녁 막숨 몰아쉴 때 온 집 구석구석 호롱불 촛불 있는 대로 밝혔다 막는다고 될 일인가 불을 밝힌다고 될 일인가 삼십 대 중반에 숨을 놓는 그의 마지막 어리광이 업어 키운 큰누나가 보고 싶다는 것이었기에 재 넘어 사는 큰누이 데리러 그의 막냇동생이 달려갔다 큰누나가 대문간에 도착하기 훨씬 전부터 가래가 끓었다 사람의 몸에서 나는 그 마지막 소리 내 동생아 큰누우 왔다 눈 좀 떠봐라 소리소리 지르며 울부짖었지만 끝내 뜰 수 없었다 그 눈 어린 새끼 셋 담고 또 담았지만 감을 수 없어 몸부림치다 찐득한 눈물 흘러내리던 그 눈 끝끝내 뜨지 못했다 그의 몸이 눈코입귀 붙은 뻣뻣한 나목이 되어가는 것을 큰딸아이는 다 봤다

방에 불 넣지 마라 명령하던 그의 당숙 목소리 오십 년 넘도록 귓속에 붙은 채로 산다 죽은 아버지 옆에 웅크리고 자

던 아이 보며 끌끌 혀를 차며 눈물짓던 사람의 뜻을 그때 다 알아버린 그 아이가 온전한 정신으로 산다는 것은 말 안 된다 열 살에 세상 텅 빈 것을 알아버린 아이가 어떻게 온전한 정신으로 살겠어 그 아이에게만 내린 깊고 서늘한 그늘 그 아이 죽도록 떨칠까 몰라

오늘이 동지선달 열이튿날 절집에서 딸 둘 사위 하나에 두 노인 제사를 동시에 모신다 말은 안 해도 걱정이다 아버지 죽고 첫 제사 지내면서 저거 아부지요 나는 인제 당신 안 믿고 예수 믿고 살끼요 선고한 뒤 평생 예수밖에 모르다 죽은 엄마와 예수가 누군지 옳게 모르고 죽은 아버지와 만났는지 어쨌는지 걱정이다 그곳 사정 모르니 답답할밖에

세상에 이토록 슬픈 일이 날마다 생기므로 신은 존재한다

서커스를 보다

그녀가 객석 다 보는 것 같지만 사실 나를 보지 못한다 파란 눈이 인사를 하더니 관객이 박수 보내는 사이 날개옷 훌훌 벗어 무대 한쪽에 얌전하게 개켜둔다 몸을 풀었다 감아쥐고 돋움발로 힘껏 달린다 내달리다 마지막에 훌라후프 사뿐 올라탔다 날개옷 벗은 선녀의 승천이다

하늘을 누비는 돛배 바닥이 밀어 올린 저 눈 감아버리면 그만인 저 끈에 매달린 사람 너의 재주가 가여운 나 여기서 울면 너 거기서 울까 봐 울다가 저 끈 놓을까 봐

땅에서 멀어질수록 묘기는 점점 서늘하다 몸을 접었다 말았다 펴고 오그린다 다리가 날개다 팔이 탯줄이다 어떻게 사람 몸이 저래 그믐밤 별빛보다 희미한 공중을 잡고 손에 땀이 밴다

별 하나 툭 떨어질 것 같다

흑심(黑心)

시 한 줄 못 건지고 연필만 몽그라졌다
연필에 꼬질꼬질 묻은 손때 삭삭 깎는다
아담한 향나무 한 그루 새로 자라난다
적당하게 뾰족한 흑심으로 손끝을 살짝
찔러 본다 준비된 자에게 복이 터져
무엇인가 한 줄 두 줄 막 터져 나올까
가슴이 두근거린다 얼굴이 붉어진다
이렇게 두근거린다 시 놓치며 산 날이
걸어서 태산을 넘고 남을 것인데
태산보다 높은 시산(詩山) 날마다 올랐다
내려왔다 다시 올라 보지만 답답한 내 흑심
또 연필만 멋지게 깎아 놓는다

왜 안 됩니까

몰랐다 행정구역 문제 따위는 전혀 모르고 고성에 묻히고 싶다는 말 남기고 죽었다 그 동네 사람 아니면 그 동네 화장장 공동묘지 못 간다는 걸 모르고 그는 죽었다

그렇다고 통 연고가 없었던 것은 아니다 엄마가 고성 어디에서 지금까지 살고 있다 어릴 적 엄마가 보고 싶어 가끔 와서 저만치서 엄마 훔쳐보다 가곤 했다 어느 날 사천 가는 막차 놓쳐 일부러 엄마 눈에 띄어 엄마 곤란하게 한 일도 있었지만

고성 사람이라 하면 그냥 마음이 끌렸다 연애 결혼을 고성 여자와 했다 연고가 생겼다 각시는 간호사 그는 건설회사 토목기사 외로움이 복이라고 하필 그걸 타고 나와 현장 따라 전국을 누비고 다니다 주말이면 새끼가 있는 처가에서 아기를 안고 들고 살다

월요일 첫 아침 곤히 잠든 아기 몰래 일터로 가면 일어나 엄마 찾고 아빠 찾을 새끼 생각에 그의 설움이 눈물 솟구치던

고성인데 그런데 고성은 죽은 그에게 한 뼘 땅을 할애할 수 없다는 것이다 화장장의 인정에 호소하여 겨우 누울 자리를 얻다니 마지막 가는 길 순탄치 못한 이웃집 사위 누가 그대 등을 떠밀어 그렇게 서둘러 가나

마흔일곱 건강검진 받고 재검 통지 받고 암 판정 나고 칼 대볼 틈 없이 번져버린 암세포 마흔여덟 아까운 나이에 갔다 누가 떠민 듯 저승으로 갔는데

그 동네에 민적이 없으면 그 동네 화장장 공동묘지 못 간다는 그 이야기뿐인 빈소가 있었다

자리

혈액이라 쓰고 해랙이라 말하는 사람 서울대학병원에 왔다 예약 시간은 3시40분 병원 식당에서 아침 겸 점심을 먹고 나니 조급증이 난다 힘들게 여기까지 온 길 돌아갈 일이 까마득하다 말하기조차 싫은 과 대기실 암 환자로 인산인해다 접수하니 3시40분에 오라는 냉정한 데스크 지킴이 집이 남쪽 끝 동네라 갈 길이 너무 멀다 결원하는 사람 있으면 대신 진료를 받게 해달라고 졸랐더니 2시10분 환자가 못 온다며 그 시간에 끼워준다

그때부터 2시10분 환자는 왜 못 올까 죽었을까 죽어 못 오는 사람 이름을 지우고 저 사람 이름을 올린 것은 아닐까 갈 길 멀다고 그깟 1시간 30분 당기겠다고 괜한 짓 한 것은 아닐까 온갖 방정맞은 생각 다하다가

저 사람 어깨 처진 뒷모습에 내 눈이 뜨겁다

여보 만약 언젠가 누군가에게 자리 내어줄 때가 덜컥 닥치면 당신 양보하지 말고 정신 바짝 차려야 돼 세상 어디에 마

음 두지 말고 당신 빼다 박은 새끼 둘 이승 저승 다 털어 가장 가엾은 당신 엄마만 생각해 오늘따라 뒷모습 몹시 쓸쓸한 당신에게 당부할 말은 이것뿐인데

장대비 그치고 해가 구름 속으로 들락거리는 유월 하순 나를 통째로 식혀주는 보이지 않는 무풍 에어컨이 고맙다 누군가는 죽고 누군가는 살아나고 누군가는 생을 연장하느라 가슴 저미는 삶의 트랙에 놓인 자리를 두고

내가 졌다

우리 집 처마 밑에서 도둑잠 자고 나가는 고양이와 눈이 딱 마주쳤다 서로의 기척에 저 놀라고 나 놀란 건 아주 잠시

하 하악 가르릉 입술을 까뒤집고 이빨을 드러내고 완벽한 공격 자세에서 앞발로 팡팡 땅을 치며 마치 한 대 올려 칠 힘 자랑하며 그 힘으로 먼저 비키라고 되레 으름장을 놓는다 너무 당당한 검은 고양이 너마저 나를 이겨 먹으려 하는구나 그래 누가 주인인지 한번 붙어보자

잠시 버티다가
먼저 눈을 피한 건 결국 나였다

동백나무에 일 났다

바람 없는데
유독 한 송이가 파닥거려 놀랐다
거기서 잘 익은 꽃술에 취한 동박새 불쑥 나와
더 놀란
이월 첫날 아침

그는 외로워서 죽었다

2020년 3월 14일 코로나19에 감염되어 죽은 첫 번째 환자 고병권 그는 세상과 모든 끈이 끊어진 채 폐쇄 병동에서 스무 해를 살았다 사방이 막혀 있고 창문마저 닫혀 있는 병동에서 징역 살듯 살았다 그에게는 단 한 사람의 연고도 없었다 이승에는 면회 올 사람 없었던 그가 어떻게 우리나라 첫 번째 우환 희생자가 되었을까 그는 죽고 난 뒤에야 42kg의 삐쩍 마른 몸으로 그 폐쇄 병동을 간신히 벗어날 수 있었다 20년 전부터 철저한 격리 상태에 있던 그는 모든 인연으로부터 격리 또 격리된 사람 어떻게 왜 몹쓸 바이러스 첫 번째 희생자가 되었을까

그것은 바이러스로부터 격리되었던 것이 아니라 바이러스로 격리되었기 때문이다

받아 적는 손이 떨린다 점심이 얹힌다 격리 고립 좌절이 부른 팬데믹 이십 년 동안 서서히 무너지던 목숨 수수깡처럼 마른 연약한 목숨 의지가지없는 그 목숨이 누구에게조차 하지 못한 이별의 말은 무엇이었을까 봄날이 채 가기 전에 이 슬픈

일을 잊어버릴까 봐 짧은 일기로 남겨놓는다 가슴에 샘 하나 파놓는다 한 많은 동족 한 사람 죽었다 저 먼 나라에는 사계절 꽃이 피고 새가 운다고 하니 몸이 불편한 사람 마음이 불편한 사람 없다 하니 아름다운 새가 운다 하니 귀뚜라미가 있겠지 백일홍이 피고 여우꼬리맨드라미가 있을 거라 부들레아 범의꼬리 긴산꼬리풀 산도라지 단풍취 떡갈잎수국 물매화 홍띠풀 부처꽃 삼색병꽃 수양매화 운용매화 수양벚꽃이 거기서는 몇 월에 피는지 여기서 본 꽃이 거기 다 있다 하니 고병권 씨 외로운 영혼이여 우리를 용서하시라 용서가 어려우면 미워하시라 그래도 분하거든 우리를 저주하시라 그대의 사인은 외로움이었다고 말한 사람은 없지만 아는 사람은 다 안다 나는 우리를 저주하는 그대 용서하겠다 그대의 죽음을 이 봄 내내 잊지 않겠다

앞으로 외롭다는 말 함부로 하지 않겠다

행진

하나 둘 떠나는 친구 부고가 다문다문 날아온다

어쩌다 통화를 하지만 늘 몸 아프고 마음 아픈 얘기 끝이 없다 여름 통화에는 가을에 꼭 만나자 가을 통화에는 겨울 가기 전에 한번 보자 만나면 사진 한 장 찍어 놓자 허망한 약속 찰떡같이 한다 전화 끊고 나면 늘 허탈해지는 아름답지 않은 미풍양속

멀리서 비둘기가 운다

가을 햇살 은혜처럼 내려 쨍쨍한 토요일 한낮 비둘기가 요일을 알 리 없다지만 계절은 하루를 모른 체하지 않는다 난저 울음소리로 젊은 새 늙은 새 분간할 수 없다 노래는 시시때때로 다르나 둔한 나는 못 알아먹는다 그저 내가 슬플 때는 구슬프게 한가로우면 느긋하게 들을 뿐이다

우리가 모여 떼창을 하며 서로 틀리게 부르던 그 노래 그립다 모든 것이 아득하다 돌을 씹어 삼켜도 소화가 될 듯하던 시절은 갔다 호시절은 다 갔다

이 행진의 마무리는 앞으로 갓!

이제 뒤돌아보지 마!

주인

내 집 마당 주인은 풀과 은행 이자다

그러다가 뒷말을 나는 더 이을 수가 없다

그래서 주인을 찾는 이 시는 여기까지다

발문

시의 궁색, 생의 끈기

정일근(시인·경남대 석좌교수)

이번에 두 번째 시집을 펴내는 김진엽 시인의 시편을 꼼꼼하게 읽다가 '궁생원(窮生員)'이란 말을, 무릎을 '탁!' 치면서 즐겁게 배웠습니다. 베이비붐 세대인 우리 나이에 궁색하고 궁핍한 유년의 아픈 기억을 가지지 않은 사람이 어디 있겠습니까마는, 시인에게 궁색은 상처가 아니라 시로 가는 비상구라는 것에 한 수 배웠습니다. 궁생원이란 '곤궁한 서생'이란 뜻이란 걸, 사실 이번에 알았습니다. 시인은 시를 쓰는 일을 스스로 궁생원이라 칭하고, 저 느티나무 아래에 버려진 의자 하나에까지 깊은 애정을 주면서 숨어 있는 시를 찾아내고 있었습니다.

궁색이 시를 만들어주는 일이라는 것을 아는 시인이기에

세상을 보는 그의 따뜻한 시선에 누구든 공감하지 않을 수 없습니다. 시에 궁색해진 시인은 사물이 가진 DNA에 대한 애정이 큰 법입니다. 통영 사량도란 섬에서 태어나 자란 시인이기에, 삶이나 사람 대하는 다정이 깊은데 생의 후반부에 시를 만나 시를 보는 눈 또한 그러합니다.

주워온 의자에 앉아 시를 쓴다

낯선 동네 느티나무 아래 버려진 너를 주웠다
필요하신 분 가져가시오 단정하고 기품 있는 손글씨
얼른 좌우로 밀어본다 삐걱삐걱 날개 다친 새소리
난다 삐걱삐걱 그 집에서 쫓겨난 사연 궁금했는데

통나무 앉음판 닳아서 희끗희끗
앉을깨가 닳도록 뭉그적뭉그적
누가 눌러앉아 무슨 공부했을까
단박에 애착심까지 생겨
버려졌으나 궁색하지 않은 나무 의자
이 정도면 충분해 적당히 낡아서 더 좋아
가자 의자야 여기가 끝이 아니야
버려진 날 다시 시작하는 거야
시무룩하게 주저앉아 있지 말고 일어나

나하고 가자 버려진 내가
버려진 너를 어떻게 버리고 가니

데려온 의자 위해 앉은뱅이책상에
같이 살자며 튼튼한 다리 달았다
난데없이 다리가 생긴 것이 이상한지
제 아래 내려다보며 책상은 골똘해지는데

느티나무 아래서 주워온 의자로
서로 다른 것의 환골탈태로
내 오랜 시의 궁색을 면한다

―「궁생원(窮生員)」 전문

이렇듯 시인은 아내로, 어머니로 살면서 시인의 자리에 늘 시간에 쫓기며 삶에 궁색하지만, 그 곤궁한 자리를 지키기 위해 세상을 보는 남다른 시선을 가지고 있는 시인입니다. 그래서 이 시에서 "이 정도면 충분해 적당히 낡아서 더 좋아/가자 의자야 여기가 끝이 아니야/버려진 날 다시 시작하는 거야/시무룩하게 주저앉아 있지 말고 일어나/나하고 가자 버려진 내가/버려진 너를 어떻게 버리고 가니"라는 따스한 구절이 빚어졌습니다.

"버려진 날 다시 시작하"자는 그의 도전은, 버려진 것에 대

한 애정입니다. 궁색의 가르침이며 궁색을 견디며 이겨나가는 힘 또한 사실은 궁색에서 나옵니다. 그 힘이 시인의 힘입니다. 나는 그 따뜻함이 시인의 정체성이며, 시인의 시가 우리에게 주는 힘일 것입니다. 그래서 시인의 시는 궁색과 곤궁에서도 사람의 온기를 잃지 않고 있습니다.

저는 차(茶)를 유난히 사랑하는 김진엽 시인에게 개인적으로 차 빚이 많은 사람입니다. 시인은 고향 사량도와 고성 당항포에 작은 차밭을 가지고 알뜰하게 차 농사를 짓고 있습니다. 벌써 스무 해 넘게 차나무에 새순이 나면 찻잎을 따서 차를 만듭니다. 그 힘든 노동의 시간을 즐기며 녹차와 황차를 빚고 시인 특유의 고유한 차 맛을 만들어내고 있습니다.

그렇다고 시인이 차를 만들어 판매하는 일을 하는 것은 아닙니다. 스스로 차를 좋아해서 차를 만들고, 그 차를 아낌없이 이웃과 친구들과 나눕니다. 그 덕에 저도 시인에게 해마다 차 빚을 집니다. 그가 차를 만들면서부터 차 공부를 위해 부산여대 대학원에서 차 문화를 공부하기도 했습니다. 그런 열성이 시인의 차를 한 번이라도 마셔본 사람 사이에서 '명품'이라는 평가를 받고 있습니다.

술꾼에게 술시가 있듯 차꾼에게 차시가 있다 차시가 되면 목이 타 안절부절못하다가 찻물 먼저 올려놓고 혹시 누가 안 오나 주섬주섬 다기 챙기며 창밖을 기웃기웃 기척 없는 손전화기 열어보고 이내 또 열어보고 끓는 찻물 식히는 둥 마는 둥 거푸 몇 잔 들이켜고 나면 세상 부러울 것 하나 없는데

비 오면 비가 와서 한 잔 바람 불면 바람이 좋아 한 잔 시집 읽다 멋진 시가 부러워서 한 잔 부용꽃 피었다고 반가워서 한 잔 부처꽃 흔들린다며 흥얼거리며 한 잔 제비꽃 색깔이 고와서 또 한 잔 꾼은 어째 이토록 마셔야 할 이유가 많은지 생각하다 또 한 잔

—「꾼」 전문

그의 시 「꾼」에서 시인은 차를 마시는 이유에 대해 노래하고 있습니다. 그 이유는 간단명료합니다. 차를 마시면 "세상 부러울 것 하나 없"기 때문입니다. 시인의 시를 따라가다 보면 우리 소리 '단가(短歌)'의 한 대목을 듣는 즐거움이 있습니다. "비 오면 비가 와서" "바람 불면 바람이 좋아" 차 한 잔을 마시는 시인의 여유가 부러울 따름입니다.

언젠가 시인의 댁을 방문해 찻잎을 황차로 발효시키는 과정을 본 적이 있었습니다. 그건 노역과 기다림의 시간이었습니다. 시인의 황차는 봄에 찻잎을 따 슬쩍 뚝딱 세상에 나오는 차가 아니었습니다. 6개월 동안 어린아이 돌보듯 모든 정성을 다한 뒤에 제 몸을 푸는 차라는 것을 알고 깜짝 놀라고

말았습니다. 그리고 그 차를 아낌없이 나누는데, 저는 그 과정을 알면서 염치없이 해마다 차 빚을 지면서 얻어먹고 있습니다. 우리가 서로 인사를 나눈 지 스무 해가 지났지만, 시인과 저 사이에는 시인이 건네는 따뜻한 차 한 잔과 은은한 차향이 있어 늘 고마울 따름입니다.

하지만 그의 시에서 차향만 나는 것은 아닙니다. 일찍 아버지를 여의고 말문을 닫아버린 어린 섬마을 소녀였던 시인의 궤적을 이번 시집에서 읽을 수 있었습니다. 그건 눈물이 끓는 내음이며 눈물의 무게입니다. 아버지를 잃은 소녀는 어머니에게 쉽게 마음 문을 열지 못한 것 같습니다. 평생을 '엘렉트라 콤플렉스'를 가지고 살았을 그 소녀가 아내가 되고, 어머니가 되고 마침내 절창인, 이 한 줄의 시로 어머니를 정의합니다.

너는 아니 나에게 엄마와 너는 무게가 흡사해

—「눈물」 전문

눈물과 어머니의 무게가 같다는 것은, 평생을 어머니를 위해 울었다는 말일 것입니다. 시에서 제가 어렴풋이 느끼는 것은 가족사의 아픔입니다. 시인은 사량초등학교 5학년 때 섬을 떠나 삼천포로 이사를 하였습니다. 그때부터 소녀는 한동안 말이 나오지 않는 고통에 시달렸다고 합니다.

그러던 어느 날 문득 '학교 다녀왔습니다'라고 하고 인사를 하는 딸을 보고 어머니는 놀라기보다 차분하게 바라보았다고 합니다. 그건 시인의 어머니가 어린 소녀였던 시인이 스스로 말문을 닫았다는 것을 알고 있었다는 반증일 것입니다. 세상 모든 어머니는 다 알고 있는 법입니다. 세상 모든 딸도 다 아는 법입니다. 시인이 흘린 눈물의 무게와 어머니의 무게가 같은 이유는 그 모든 걸 다 알고 있었기 때문입니다.

> 오래전 엄마에게 나에게 이런 냄새가 났을까 그런 날이 있기는 했을까 배릿한 맏물 차 한 잔에 파란 새알 파란색을 좋아했던 엄마 생각
>
> 찻잔 속에 엄마 있다
> 찻상에 마주 앉아 있다
>
> —「손대지 마세요」 부분

어린 시절 애증의 관계였던 어머니였지만 결국 차를 만나고 시를 만나며 차향 속에서 어머니를 다시 만납니다. 그해 첫 차로 우려낸 '맏물'을 담은 찻잔 속에 어머니가 있고 그 어머니를 불러 찻상에 마주 앉아 용서와 화해를 청합니다. 시인이 평생 운 눈물이 짠맛이 아니라 은은한 차향으로 승화됩니다. 이렇듯 시인은 바다에서 눈물로, 눈물에서 차로 '물의 변주(變奏)'를 하며 마음의 수평을 보여줍니다. 결국 시인의 시

학은 '물의 시학'이라는 생각을 해봅니다. 물이 가지는 상선약수(上善若水)의 힘이 시인의 삶과 시를 이끌어 왔다고 가늠해봅니다.

피는 꽃 그리려는 사이 꽃이 지고 있다

붓 대롱에 댓잎 대꽃 다 피도록 한 송이 모란 못 그리다니
시에는 영 소질이 없나 보다

미끄러지며 겨우 그은 일 획
한 줄조차 엉망이다

올봄에는 딱 한 줄 제대로 써보려 했지만

—「미완의 봄」 전문

앞에서 소개한 「눈물」 같은 한 줄의 시가 시인이 꿈꾸는 시일 것입니다. 시인은 「미완의 봄」에서 "올봄에는 딱 한 줄 제대로 써보려 했"다고 고백하고 있습니다. 그건 시 한 줄의 무게 역시 한없이 무겁다는 것을 시인이 알고 있기 때문입니다. 눈물이 어머니의 무게와 등가(等價)인 것을 아는 시인이기에 시 한 줄의 무게가 인생의 무게라는 아는 것입니다. "피는 꽃

그리려는 사이 꽃이 지고 있다"라는 탄식은 시가 꽃이 꽃을 피우는 일보다 힘든 일이라는 것을 말하는 것입니다. 모란 같은 한 줄의 시를 얻기 위해 시인은 늘 노력하는 시인입니다. 자신의 시를 "미끄러지며 겨우 그은 일 획"이라 말하지만, 그 속에 천의무봉(天衣無縫)을 꿈꾸는 시인의 마음 필법이 숨어 있습니다.

바람 없는데
유독 한 송이가 파닥거려 놀랐다
거기서 잘 익은 꽃술에 취한 동박새 불쑥 나와
더 놀란
이월 첫날 아침

—「동백나무에 일 났다」 전문

고성에 살면서 시인은 그곳의 자연에서 시의 눈을 뜹니다. 시인은 1994년 시를 접하고, '고성여성문우회'에서 시를 쓰기 시작했었습니다. 그리고 1995년 '고성문인협회' 회원으로 활동을 시작해 1998~1999년 사무국장을, 2020~2021년에는 고성문인협회 회장을 지냈습니다. 어릴 때부터 책을 좋아했던 섬마을 소녀였기에 시인의 길은 당연한 일이었습니다. 고성문협에서 활동하며 등단이란 절차가 필요했고, 지난 2000년 지역 원로였던 시조시인 김춘랑 선생의 추천으로 《조선문학》

을 통해 문단에 나왔습니다.

시인은 지난 2018년 첫 시집 『꽃보다 먼저 꽃 속에』를 내며 자신의 시에 속도를 내기 시작했습니다. 사실 여성으로 지역 문단에서 주도적으로 활동하기란 힘든 일인데 고성문협 사무국장, 회장을 지낸 일만으로도 시인의 문학에 대한 뜨거운 열정을 알 수 있습니다. 첫 시집 이후 4년 만에 두 번째 시집을 내는 일 또한 그렇습니다. 그건 늘 시를 찾는 일에 시인이 긴장하고 있다는 말일 것입니다.

집 마당에 피는 동백 한 송이에도 시인의 시안은 그냥 지나치지 못합니다. 이월 아침에 꽃송이를 내미는, 동백나무의 일까지 시인은 그냥 놓치지 않습니다. 그런 애정으로 시인은 시의 길을 걷기 시작하면서부터 안으로는 제 일에서부터 밖으로는 삼라만상의 모든 일까지 성찰과 뜨거운 시선을 멈추지 않고 있습니다.

그렇게 찾은 시는 동백나무 동백꽃에서 꿀을 찾는 동박새처럼, 제 날개를 파닥이며 날아갈 것입니다. 동박새가 날아가는 그 끝을 아는 사람은 아무도 없을 것입니다만, 시인은 자연에서 얻은 경의를 시로 풀며 시인의 길을 걸어갑니다. 20년이 넘는 시력 동안 저는 그가 시에 잠시 멈추는 일을 보지 못했습니다. 시인의 차 농사도 그러했습니다. 자신이 애정을 주는 것에 시인의 사랑은 멈추지 않습니다. 그것이 김진엽 시인의 시의 맛과 차의 향기를 품격 높은 명품으로 만들어가는 것입니다.

베짱이가 옷을 갈아입었다 갈색 옷이 점잖기는 하다 몸짓이 영 굼뜨다 느릿느릿 가다 우뚝 서고 서너 발 가다 멈칫 선다 태산이 무너진들 속도를 달리하지 않을 태세다 저 속도 느려지고 더 느려지고 가다가다 선 채로 뒤돌아보지 않고 마지막으로 갈 것이니

이 작은 짐승이 오늘 내 스승이다

—「입추 무렵」 전문

'이월 첫날 아침'에서 '입추 무렵'에 닿아 시인은 눈은 더욱 겸손해집니다. 시인은 죽음으로 가는 베짱이를 통해 겸손을 배웁니다. 시인은 입추 무렵에 "이 작은 짐승이 오늘 내 스승이다"라는 하심(下心)의 경지를 보여줍니다. 시인이나 저나 인생의 가을을 보내며 견지해야 하는 마음이 바로 이 하심일 것입니다. 하심을 가지지 않는다면 결코 시는 더 이상 제 마음을 열어주지 않습니다. 자연에서 시를 얻는 시인의 자세가 그러해야 하는 법이니까요.

그렇다고 시인을 서정시인으로만 규정할 수 없습니다. 이번 시집에 산문시가 제법 눈에 뜨입니다. 그 산문시를 따라 읽어가다 보면 시인이 가진 뜻밖의 강력한 서사에 놀랍니다.

그런 서사가 태생적으로 시인은 타고난 이야기꾼이 아닐까 하는 생각을 하게 합니다. 시인의 산문시는 때로는 판소리 같고, 때로는 만신의 주술 같기도 합니다.

물놀이하다 익사한 동네 아이 잘 달리다 돌연 저수지로 뛰어든 택시며 실연한 남녀 빠져 죽은 이야기 뒤에 누군가 달래듯 징 치며 위령탑에서 천도재 올리던 소복 만신 있었다 얽히고설킨 소문 너무 많이 들은 탓인가 가뭄 들어 물 마른 여기저기 원한의 무덤 배반의 무덤 원망이 마른 자리가 고요해서 무겁고 무섭다

그해 늦가을 한밤중 어린것 업고 여길 왔었다 시꺼먼 물 내려다보고 섰는데 그래 죽자고 마음 다잡는데 자던 아이 모진 어미 등에서 뜨거운 오줌을 쌌지 오줌 누었다고 낑낑 거리며 함께 죽기로 마음먹은 어미 등에 착 달라붙어 새근 새근 다시 잠들던 아이가 서늘하게 식은 어미 등골에 땀이 솟게 했다 자는 아이 고쳐 업고 물 등지고 돌아섰지 저 멀리 돌아가 살아야 할 세상 막막했지만 내몰린 벼랑 끝보다 더 벼랑 같은 어둠 속으로 타박타박 걸어 돌아왔던 머나먼 일 죽은들 잊을 수 없는 일 이제는 이것저것 얼추 다 말랐다

그날 어미 등에서 어미 살린 아이에게서 기쁜 전화를 받

았다

—「가묘(假墓)」 부분

고성군 대가면의 큰 저수지에서 젊은 시절 겪었던 이야기를 산문시로 풀어내는 시 「가묘(假墓)」는 장편소설을 읽는 듯한 느낌을 묵직하게 전해줍니다. 시 속의 주인공은 어린아이를 업고 같이 죽을 결심하고 저수지를 찾았다가, 아이로 하여 다시 살아야겠다는 각오로 되돌아온 적이 있습니다. 그 이후 시인은 그 저수지를 가묘로 삼고 어려운 일이 있을 때마다 찾아가서 마음을 다잡고 있나 봅니다.

그때의 상황을 시인은 만신의 주술인 듯 풀어내고 있습니다. 온갖 죽음의 이유가 난무하는 물가에서 소복을 한 만신이 징을 치며 위무하지만 그건 시인이 시인을 위로하는 풍경일 것입니다. 이를 악문 결심을 했지만 결국은 어린아이로 하여 되돌아 나와 마침내 그 아이가 자라 어머니에게 무엇인가 '기쁜 소식'을 전해주고 있습니다. 저는 주제도 주제이지만 시인의 이러한 시의 형식에 높은 점수를 주고 싶습니다. 시가 가닿을 수 없는 경계를 지나 더 높은 문학적 성취를 줄 수 있는 영역이 아닐까 생각해봅니다.

지난 일 년 사이 시인에게 여러 가지 어려운 일이 있었나 봅니다. 시의 곳곳에서 절망과 탄식, 눈물이 보입니다만 일생이란 긴 여정에서 보면 이 또한 지나가는 과정일 수 있습니다. 참고 견디면 반드시 좋은 시간이 다시 찾아온다는 것입니다. 아무리 호시절은 갔지만 멈출 수 없는 행진이 있다는 것을 시인 스스로 알고 있습니다.

우리가 모여 떼창을 하며 서로 틀리게 부르던 그 노래
그립다 모든 것이 아득하다 돌을 씹어 삼켜도 소화가 될
듯하던 시절은 갔다 호시절은 다 갔다

이 행진의 마무리는 앞으로 갓!
이제 뒤돌아보지 마!

—「행진」 부분

뒤돌아보지 않고 가는 시인의 행진을 기대합니다. 인생은 사는 것도 중요하지만, 살아내야 할 의지도 중요합니다. 그 행진이 결국은 마무리를 위해, 진정한 마침표를 위해 계속되어야 합니다. 시가 얼마나 큰 위로이며 선물인지는 시인도 잘 알 것입니다. 내일은 내일의 해가 떠오르기에 시인의, 우리의, 인류의 행진은 계속되는 것입니다.

내 집 마당 주인은 풀과 은행 이자다

그러다가 뒷말을 나는 더 이을 수가 없다

그래서 주인을 찾는 이 시는 여기까지지다

—「주인」 전문

자신의 인생에서 언제나 주인공은 자신입니다. 그건 누구도 대신할 수 없는 자리입니다. 시인은 "주인을 찾는 이 시는 여기까지지다"라고 말합니다. 그렇다고 "풀"과 "은행 이자"가 인생의 주인일 수는 없습니다. 그것도 사람의 일입니다. 곤궁에서 시작된 그의 시이지만 마지막 그 모든 주인은 시인입니다. 시 「흑심」에서 보여준 그 원대한 흑심을 이루기 위해, 미나리처럼 힘찬 생명력의 힘으로 시의 주인인 시인으로 왕성하고 빛나기를 축원합니다. 우정의 박수로 거듭 축하합니다.

문학의전당 시인선 356

차마 다 건넬 수 없는

초판 1쇄 인쇄 2022년 12월 1일
초판 1쇄 발행 2022년 12월 8일
지은이 김진엽
펴낸이 고영
디자인 헤이존
펴낸곳 문학의전당
출판등록 제448-251002012000043호
주소 충북 단양군 적성면 도곡파랑로 178
전화 043-421-1977
전자우편 sbpoem@naver.com

ISBN 979-11-5896-573-0 03810

*이 시집은 2022년 경남문화예술진흥원의 문화예술지원을 보조받아 제작되었습니다.